詩心을 담은 항아리

도서출판 채운재

詩心을 담은 항아리

인 쇄	2015년 2월 25일
초판1쇄발행	2015년 2월 28일
지은이	박재근외 23명
펴낸이	양 상 구
웹디자인	최 선 우
펴낸곳	도서출판 채은재
주 소	100-861 서울시 중구 삼일대로6길 13
	(서울빌딩202호)
전 화	02-704-3301
팩 스	02-2268-3910
H.P	010-5466-3911
E.mail	ysg8527@naver.com
정 가	10,000원

머리말

시인의 시심을 항아리에 담아 청국장같이 진한 맛을 내는 동인 시집 "시심을 담은 항아리" 오색구름의 채운을 보듯 시인들의 작품을 펼쳐본다.
각박한 세상이지만, 순수한 문학 정신 정서가 있는 분이 있어 참 다행이다.
24人의 마음을 담아 118편의 시를 읽는 사람에게 마음의 양식이 되었으면 하는 겸허한 마음으로 소망한다.
시인은 좋은 시를 쓰기 위해 확정적 의미와 불확정적 의미 내지는 논리와 비논리의 알아야 한다.
글을 창작하려는 시인은 시작법에 관한 이론을 제대로 알아야 표현할 수 있다고 본다.
지나치게 이론에 집착하는 것도 바람직하지 않고 창조적인 심상을 살려 나가는 감상과 이해를 하고 글을 쓰면 큰 도움이 된다.
이번에 발간되는 동인 시집이 맑은 영혼의 노래가 되었으면 좋겠다.
현대문학사조 문학회 모든 작가님께 감사하며 이 책에 동참해 주신 문인 여러분 건필을 기원합니다.

발행인 양상구 올림

목차

김희영 시인

나상국 시인

김문경 시인

신오선 시인

신재미 시인

- 폭포
- 눈 사랑
- 낙엽
- 연서
- 낙동강

박재근 시인

울산출생 현 김해 거주
한국문인협회 회원
현대문학사조 문학회 회장
새부산 시인협회 상임이사
(사)대한예술인 협의회
전국 시인대회 대상
현대문학사조 작가상외 다수
공저 넝쿨(65년도) 외12권
명시 특선시인선 랩소디 외9권 저서
1시집 바람과 구름이 머문 흔적
2시집 바람과 구름이 머문 순간
3시집 바람과 구름이 머문 자리
E-mail : jaegeon2010@hanmail.net
Cafe / 바람과 구름이 머문 흔적
H·P : 010-6877-2868

폭포

두려움 없는 함성
거침없는 곧은 소리다
탁음을 걸러내는 물방울의 소묘
낮은 곳으로
겸허히 내려 굽이치고
카랑카랑한 햇살을 받아
오색의 별로 환생하다가
마침내 제 몸 잘게 부수어
허공의 비로 내려
천둥으로 산을 일깨우고
곧음의 의미를 일러두며
무상한 시간의 문신을
절벽의 허리에 깊게 새겨놓고
푸르게 바다로 들어
미련 없이 과거의 존재를 묻는
여정의 대 서사시

※운문산 석골 폭포에서

눈 사랑

허공의 어느 한 곳에서 시작되었을
아름다운 이별들이
지상에서 포개어 이룬 재회를 본다
다독다독 절정의 순간에 아낌없는 한 몸
송이송이 저미어 포옹한 굳은 언약이
꿈결처럼 아름답다
눈 안에 밟히고 입술에 젖고
가슴에 포근히 안기는 우리들의 사랑도
저처럼 낯설지 않기를

낙엽

찢기고 구멍 난 상처를 움켜쥐고
자연의 순리로 내려앉거나
동행의 바람 등을 타면
더러는 모태의 발밑에 수목장 되고
강물로 흘러들어 수장되거나
외진 곳 초분으로 풍장 되어
젖다가 마르다가 푸석한 섶이 되어
다시 흙으로 돌아가는 것이
어찌 낙엽뿐일까
떨어진 꽃잎 하나에도 사유의 강이 흘렀고
바람에 우는 절간의 풍경도
천년을 기약하지 않았으니
백년이 고작인 그대의 모두도
허망한 흔적의 과거로 돌아가는
바람 같은 것이리라

연서

옥이라는 시인이 있는데
그 이름
바탕체로 써보니 너무 흔하고
돋움체로 써보니 너무 딱딱하고
필기체로 써보니 너무 날리고
엽서체로 써보니 계면쩍고
그에 걸맞게
130여 개의 필체를 대비시켜 나가다가
115번 째 양재매화체가 있기에
옥이도 꽃이고 매화도 꽃이라
이 체면 되겠다,
모난 것 같으면서 모나지 않고
동글동글한 것 같으면서 동글지 않고
고상 무난 수수하다

가을밤 깊어 벌레울음도 잠들었는데
이름 석 자 두고 이게 무슨 꼴인가
아침은 아직도 멀리 있는데.

낙동강

태백의 구문소에서 길을 나선
천삼백 리 강물은
하단 갈대밭을 지나서야
길고 먼 여정의 발을 씻고
푸른 물빛의 바다라는 이름이 된다

오는 내내 그가 보았던 세상은
황홀한 노을빛과 신성한 여명
단풍잎 몇몇 떠가는 쓸쓸함도 보았으리

낮은 곳으로 흐른다는 겸손이
때로는 급류에 휘말리기도 했을 것이고
굽이치다 추락하는 아픔 속에서
긍정과 부정의 소용돌이 사이를
체념하듯 흘렀으리라

그의 시간은 한 길 흐르는 것
그리고 자유를 향한 인고의 시간
세상 이치를 물의 이름으로 외치다가
마침내 바다가 되는 강의 일생
굽이져 내린 천삼백 리

- 백목련 터지면 사랑이 운다
- 나에게 바다가 있네
- 개불알풀꽃 (2)
- 친구야
- 마르지 않는 그 이름

김미옥 시인

필명 예람
월간모던포엠 시부문 신인상
서정문학 수필부문 신인상
세계모던포엠작가회원
한국문인협회 장성지부 감사
서울 강서문협 회원
현대문학사조 편집위원
수필문학 회원
공저: 풍경 꽃비에 울다 내 마음의 숲
수직과 수평의 경계에서 외 다수

백목련 터지면 사랑이 운다

자박자박
봄 오는 소리에
투정부리며 기다리던 시간을
툴툴 털어내고
후미진 고샅을 홀로 걷는다

실바람의 애무에
하르르 하르르
홍매화 꽃문 여는 소리
사륵 사륵
백목련 젖가슴 열어젖히는 소리
사방에 흩어진다

그러나
봄이 오면
다시 오지 않을 사람의
그림자만 밟아야 하는 외론 가슴은
우둔한 생각임을 알면서도
정지된 시간을 되돌려놓고
꽃문 열리듯 하늘길이 열리길
까치발 딛고 기다린다

각을 맞춰 접어둔 추억
매향梅香 따라 펄럭일 때
잘려나간 인연의 고리
목련의 젖줄로 다시 이을 수만 있다면
앞섶 적시는 물기
몰래 훔치지 않아도 되었을 텐데

우두커니 창공을 바라보다
명치에 그리움을 덧칠해 놓고
힘없이 돌아서는 걸음
꽃문 여는 홍매화보다 더 아프다
젖줄 짜내는 목련보다 더 아프다

나에겐 바다가 있네

돌아서는 이별이 서러워
이기지 못할 제 무게 제 등에 지고
세상 언저리를 서성이며 야위어 가는 일이
죽기보다 어렵다는 것을 느낄 때
바람이 지웠다가
바람이 터 준 길을 따라 바다로 간다

일제히 직립으로 일어서는 숱한 생각과
한 두름 조기처럼 친친 엮인 설움 각혈하듯 토해놓고
피 울음으로 목울대 적시며
미친 듯 울부짖어도 들키지 않는 바다에 서면
회오리바람처럼 갈피 잡지 못했던 마음
고해성사를 하듯 스르르 열리고 순한 가슴이 된다

한곳에 머물지 못한
바람 같은 사람의 마음 한 자락 얻는다는 건
바닷물을 삼키는 일보다 더 어려운 일
성난 파도 잠재우고 덧난 상처 위로하는 바다는
흔들리는 문장으로 물결 위에 이렇게 쓴다
산다는 건 외로운 일
산다는 건 슬픈 일

개불알풀꽃 (2)

하늘색 닮은 개불알풀꽃
밭고랑에 피었다

오종종 둘러앉아 수선을 떠는 소리
못 들은 척 지나치려 했지만
아롱아롱 눈썹 끝에 매달려
가던 걸음 멈추고 무릎 꿇게 하는 마력은
달랑거리는 불알 움켜쥐고
불같이 일어선 생명이 아니고선 어림없는 일,

얼굴값 못하는 불경스러운 이름이어도
잊히지 않는 이름 하나 얻었으니
어찌 수선스럽지 않겠는가

짓밟고 깔아뭉개도 끄떡 않고
하르르 하르르 다시 피어
역사를 써 내려가는 도도함
무릇 봄꽃은
허투루 볼일이 아니다
무릇 봄꽃은
겸손한 자세로 허리 숙여 볼 일이다

친구야

비틀거리는 눅진 삶 움켜쥐고
앞서 내일을 염려하는
너 머문 자리마다 돋아난 아픔
체증처럼 명치를 누른다

말간 바람처럼
따순 햇살처럼
그렇게 왔다 가는 생이라면 얼마나 좋으랴만
때로는 심장을 도려내는 아픔
속곳처럼 숨기고
시린 설움 웃음으로 덮어가며
하루하루 사는 것이 우리네 삶인 것을

친구야
가슴까지 차오른 근심 덜어내고
잔가지에 앉아 우는 바람 소리를 들어보렴
밤마다 숨어 우는 풀벌레 소리를 들어보렴
대나무 속이 텅 빈 사연도 들어보렴

하늘 길 버리고
사선을 긋는
별똥별을 바라보며
연민의 끄나풀을 가위질하는 가슴
너도 아프고 나도 아프다

마르지 않는 그 이름

하늘 끝에 매달린 겨울이 울고 있는
정월 초사흘
울컥 차오르는 어머니 생각 간절하여
마른 벽을 타고 흐르는 하루를 등에 걸치고
모호한 주파수에 귀를 기울인다
사람이 들고 난 자리
통통하게 살찐
흔적을 물레질하는 것만으로도
마음은 내내 야위어만 가는데
어머니의 소식은 어디에서 들을까
못 삭인 슬픔 하나 우려낸 후
저잣거리에 나가 쑥떡 하나 집어 먹고
그 향기에 가슴 찔려 진종일 명치가 아려왔다
배앓이 하던 진통 멈출 때까지
콩고물에 버무린 쑥떡 꽤 축내겠다

- 애인 같은 친구
- 가을 문상
- 부엉이 바위
- 비무장지대
- 봄날의 수다

박가월 시인

월간 『문학세계』 시 신인상
한국문학작가연합 회원
서울대 문학과예술 동호인
계간 『현대문학사조』 편집위원
시집 『황진이도 아닌 것이』 (2007)
『한 남자의 한달생활비내역보고』 (2011)

애인 같은 친구

친구이고 애인 같은 사람 하나 있다
내가 찾고 친구가 그리울 때
부담 없이 만나 웃어 줄 수 있는
애인이 아니더라도 애인

조금은 사랑을 간직한 친구

지나가는 길에 전화하면
잠시 나와 차를 한 잔 같이 하고
마음과 마음이 기뻐질 수 있는
친구이고 애인 같은 사람 하나 있다.

가을 문상

문상 가는 산길에 단풍이 온통 물들었네
망자도 이 가을 꽃상여로 떠나니
원은 없겠다고 문상객이 황홀해서 돌아서며
어미 여윈 상주보고 복 받은 어머니라고
그래도 위안 삼아 슬픔 가신 눈물이 곱네
파란만장한 어머니 삶을 단풍에 비할까마는
대변하여 발산한 것이 꽃 단풍이라고
뒹군 낙엽에 실려 어머니 恨도 씻겨 가리라네.

부엉이 바위

무엇이 님을 낭떠러지로 몰고 갔는가
한발 물러선 차분한 존중의 예우만 갖췄어도
부엉이는 이제 울지 않고 전설로 묻혔으리라
성숙되지 않은 사회 구성원의 책임이다
이곳저곳에서 뜯어 배를 채운 것도 아닌데
한 사람의 지인을 의지하며 나름대로
바보처럼 깨끗한 길을 뚜벅뚜벅 걸어왔건만
잡고자 칼을 휘두르면 누가 무사하겠는가
자존심이 용납 못 해 몸을 던져 꺾었다
위정자들은 살아온 세월을 뒤돌아볼지어다
과거를 털어보라 자유로울 수 있는가 권위주의 삶을
타파하고 꿈을 꾼 곳에서
이룬 꿈을 쉬고자 권세도 놓고 명예만 가지고
초야에 묻혀 낮은 자세로 고향에 돌아와
농사짓는 자연인의 대통령으로 남아
민초와 더불어 여생을 쉬고자 내려왔건만
까발리고 내몰아서 과연 얻는 것은 무엇인가
산자는 가슴에 손을 얹고 반성해볼지어다
스스로 부끄럼 없이 소임을 다하고 있는가
감정에 의한 권능에 치우친 압박은 아니었는가

서민을 대변한 우리님은 이제 볼 수 없다
깨끗한 자 있으면 떳떳하게 혈서로 답해보라
아름다운 바보는 어린 시절 뛰어놀던
부엉이 바위에 자존을 묻고 부엉이로 날았다.

비무장지대

비무장지대에 총성은 멎었건만
일촉즉발 폭풍전야의 긴장 속
근근이 평화는 유지되고 있다
산과 산이 이어진 강토
그어놓은 인위적인 휴전선은
어느 민족을 위한 철조망인가

같이 누릴 수 있는 땅은
이념대립에 걸려 넘을 수 없다
새들은 아무렇지 않게 날아오는데
구름은 마음대로 떠가는데
바람은 철조망에 걸려도 무사통관데
유독 사람만 통과하지 못하는
자유를 빼앗아버린 강토가 되었다

민족끼리 원수가 될 것인가
민족의 자긍심은 어디로 간 것인가
나를 버리고 민족을 생각한다면
하나의 공동체가 될 수 있다
내가 아니면 안 된다는 아집은
민족을 분열시킨 말살 행위이다

민의와 진리를 훼방 놓아도
거역할 수 없는 통일은 온다
이념대립으로 더디게 올 뿐
민의 앞에선 무너질 수밖에 없다
물의 흐름을 막으면 둑이 무너지듯
민의를 거역하면 저항을 받는다
이어진 땅을 자연스럽게 놔두면
민족은 자유와 평화를 누리리라

인위적 경계선이 민족을 갈라놨지만
민족 앞에 이념은 무용지물이다
장벽을 쳐서 자유를 빼앗는 것은
민의를 역행하는 모순이다
오는 통일을 더디게 방해할 뿐
민족의 통일은 막을 수 없는 민의다.

봄날의 수다

발정 난 벚꽃이
흩날리는 개울가에
여인들이 앉아 수다를 떤다

꽃잎만큼이나
분분하는 낙화유수
세월 잡아 정분 나고 싶다
청상의 외로움
환장케 들쑤셔 놓고
철저히 외면하는 봄날이여

주체하지 못한
화려함 뒤의 허전함
채우지 못해 수다로 푼다
사연을 나르고
소문도 퍼다 나르고
설화처럼 봄 얘기 쏟아 분다.

✣ 바람
✣ 가을 햇살 같은 그대
✣ 첫눈 내린 아침
✣ 눈 밭에서
✣ 그리움으로 오는 눈

김선옥 시인

2011.현대문학사조 신인 문학상(시부문)
2011.대한문학세계 신인 문학상(시부문)
한국문인협회 회원
대한문인협회 회원
현대문학사조 사무국장
강화문학회 회원
한국문인협회 회원
현대문힉사조 사무국장
대한 문인협회 정회원
2011.대한문학세계 올해의 시인상
2012.대한문학세계 주관(나라사랑 가족사랑) 전국시인대회 동상
2012.대한문학세계 주관 베스트셀러 작가상
2012.현대문학사조 문학 작가상
2012.대한 문학세계전국시인대회 동상
공저:대한 문학세계 특선 시인선(3회).대한 문학세계 이달의 시인
이메일 : kso3243@hanmail.net
블로그 : http//blog.daum.net kso3243
손 전화: 010-5643-0767

바람

무슨 일로 부아가 났는지는 나도 모른다.

칼바람의 억지다
나무들이 경끼을 하듯
파랗게 질려 길을 내주고
꽃들도 비켜서며 후들후들 떤다
후두두 달리다가
담장 밑 검정 비닐봉지 뒤집어쓰고
곤두박질치며 혼절한다

바람인들 사연이 왜 없겠는가
한이라도 풀어내듯 그리움에 울고
서러움에 가슴을 찢는 것일지도
모를 일이다

가을 햇살 같은 그대

가슴 다 열어 놓고
너를 맞는 일은
언제나 처음인 것처럼
가슴 두근거리는
설렘이었다

기다린다고 올 것도 아닌데
다홍빛 햇살
창가에 기웃거려
행여나 하는
이 마음

소식이나 한번 주렴아
이 가을 다 가기 전에
가을 햇살 같은 사람아

첫눈 내린 아침

하염없다
그리움 나풀나풀 날아온다.
이른 아침부터
초점을 맞추는 햇살도 그리움 때문일까

액자 속에 노루 한 쌍
금방이라도 눈꽃 송이 밟고
눈 위로 자박자박 걸어 나올 것 같은

밤사이
배추밭에
순백 융단을 깔아 놓고
하얀 장미로 꾸며 놓은 연회장이
눈 시리다.

눈밭에서

밤 내내
얼마나 외로웠을까
소록소록
쌓일 때까지

자박자박
눈밭
저 끝에서부터
누군가 걸어올 것 같은
눈에 자꾸 밟히는
이름 하나

내 알몸
큰 붓 삼아
퍼포먼스로
백설에 써 두고 싶다

사
랑
해

그리움으로 오는 눈

가슴 언저리에 맴돌던
그리움
더는 견딜 수 없어
봇물처럼 쏟아 내는
몸부림인가

이팝 꽃잎 흩뿌리는 것 같은
수천수만 마리의
나비 떼 같이

하얀 눈꽃 송이로
다가오는 얼굴
잡힐 듯
안길 듯
맴돌다 켜켜이 쌓여간다

- 낙엽을 태우며
- 표절
- 늦겨울 일기의 독해
- 밤은 혼자 오지 않고
- 음악다방 소고

이기은 시인

경북 포항 출생 김포 거주
월간:한울문학 시 부문
계간:대한문학세계 수필 부문
월간:모던포엠 시조 부문 신인상 등단
현대문학사조 편집위원
시집:자귀나무 향기1
우리함께 눈 먼 새로 살자
자귀나무 향기2
날개짓을 해야 삶이 곱다
공저:한국100인 명시선 외50여권
늘푸른문학 대상
글봄문학 대상 외 수상

낙엽을 태우며

지나온 어제를 지워 가듯 고샅 나뒹구는 낙엽
허기진 갈퀴로 긁어모아 유황냄새 아련한 성냥 그어댄다

번뜩이는 섬광 따슨 온기 그리고, 하늘을 떠다니는 어제들
그들은 그렇게 한마디 불평도 없이 사라져 간다

스스로 만족한 삶이었다, 여기기에

화려한 불꽃 사위어 가면 다시 내려앉는 침묵
하얀 재로 남아 스치는 바람에 산산이 흩어지며
세월의 무상함을 이야기하고 있다

그리곤, 아무 일 없는 듯
계절은 또 다른 톱니바퀴와 아귀 맞춤을 한다.

표절

남몰래 말간 하늘 보며 눈시울 적시는
늦둥이 데리고 나온 지천명 청년
바람에 날린 티였을까
겨우 걸음마 뗀 아이 뒷짐 진 채 하늘을 바라본다
하늘 한 번 보고 아비 한 번 보고
아이엠에프도 건넜는데
연이은 고비 넘길 끈기가 없어
깔딱 고개에 헌 지게 받쳐놓고
황사 가득한 세월 원망한다
아비 따라 산책 나온 아이
하늘 바라보는 모습도, 뒷짐 지고 걷는 뒤태도
벌어진 가랑이 팔자걸음까지 심각하게 닮았다
먼 훗날 이 시간만은 표절하지 말아야 할 텐데

아비를 표절한 아이, 표절 당한 아비
빈 그네 흔들거리는 놀이터를 지나간다

늦겨울 일기의 독해

그늘진 골짜기마다
기저귀처럼 엉겨 붙은 눈들의 어눌한 몸짓
겨울 일기의 각이 아직은 날카롭다
자작나무 무릎 아래 곰삭은 분초들이 모여
얼어붙은 희망에 온기 버무려 보지만
삭풍에 찢긴 상처 동이며 굳어버린
갈맷빛 뫼의 앵돌아진 마음은
봄빛이 완연하기까진 달래기 어려울성싶다
바람 닮은 꿈이 마주 오던 햇살을 꼬아
반짝이는 희망의 타래를 틀고 있을 즈음
장끼의 목쉰 외침에 실린, 산고에 시달리는
대지의 성장통은
도란도란 정겨운 이야기 예약하고 있다
산등성이 기러기 힘찬 날갯짓이 미려하다
날갯짓 사이사이 동토의 시간
인연을 기다리다 망부석이 된 이야기가
북으로의 여정 일러주며 춘곤을 걱정한다
겨울 순백의 일기장엔 날카로운 철새의
나란하지 않은 발자국만 선명하다

밤은 혼자 오지 않고

보리밭 고랑에서 삶을 캐던 어머니
하고많은 날 밭고랑에 앉아
세월 한탄하며 호미질하셨지요
호박순 따다 된장 끓이며
맵디매운 짚불 연기에
눈물도 어지간히 쏟으셨지요
외지 나간 자식 걱정
별빛 쏟아져 내리는 저수지 둑에 서서
먼 신작로에 기다림을 두고
여름밤을 지새우기도 하셨지요
세월 겹겹이 쌓인 손 잡으면
그 세월 휘적이며 달려와
속내 드러내며 한바탕 울음 웁니다
밤은 혼자 오지 않고 상념을 달고 와서
어미 향한 그리움만 들추어 놓고
온 길 되돌아 어제로 갑니다.

음악다방 소고

"숲 속의 빈터"였지 싶다
남루한 청춘들의 영혼이 쉴 수 있는 공간
통유리 박스 안에서 낮게 깔아놓은 음색 하나
이국의 향취 가감 없이 풀어헤치고 있다
색깔 있는 음표들이 민들레 홀씨로 날아와
일부는 커피 잔에 움집 짓고
일부는 주스 잔에 너와집 짓고
남은 것은 울타리 되고 화단 되고 꽃 되고
눈부신 소용돌이 빠져나온 것은
음표뿐만 아니어서
허기진 가슴에 차곡차곡 쌓던 이국의 정한
부유하는 음표 마다
시공을 초월한 들뜬 공감
텍사스를 떠돌다가 캘리포니아 그리고 버밍햄
플라멩코 추는 여인의 품에 곤히 잠들기도 하고
남은 몇 개 음표는
대학노트 빼곡하게 담아서
삐걱거리는 층계 총총 내려서면
뒤따라 자유 찾아 말 갈퀴 휘날리던 멜로디
아! 익숙한 그 멜로디.

- 지리산 상부댐
- 먼 기억 속의 그리움
- 마른장마
- 가을여행
- 향수

김희영 시인

부산출생
현대문학사조 사무차장
대한문인협회 정회원
강화문인협회 정회원

지리산 상부댐

솔 향 그윽한 호수
푸른 하늘이 내려앉아
정인의 눈빛 닮았다

고요의 비경
모두가 꿈결이듯 아득하여
파문 없는 쪽배 하나 띄워
하염없이 저어가면
산새도 포록포록 날아오겠다.

밤이면 별이 내려 잠들고
아침이면 물안개 어리어
속세를 비켜난 무아의 경지

부초 같은 삶
돌아 세우지 못하여
구름 따라 흐르고 싶은
지리산 상부댐

먼 기억 속의 그리움

추억은 아름답다지만
나의 가슴 속에는
그리움으로 남아 있습니다

서성거리는 가을이 내리는 날
창가에 서면
빗방울 하나하나도 그리움입니다

나란히 어깨 감싸고 걷고 싶어
무작정 길 나서면
그대는 없고 찬비만 붑니다

어디 있나요
소녀의 마음 전할 길 없고
그대 마냥 보고 싶네요

그리움까지만 인연인가 봅니다

마른장마

맥반석 위 오징어처럼 타는 대지
비는 올 기미조차 없고
어르렁 거리는 천둥소리만

풀잎마저 마음 닫고
고개 떨군 가련함
먹구름만 무정하다

후두두 쏟아지다
마른 땅 먼지만 일으켜 놓고
가버리는 비 몇 방울

구름 흩어진 하늘 아래
마른날의 야속함이여

가을여행

가을 익는 소리 들린다

고향 가는 버스 안에서 보는 풍경은
붉게 타는 수채화 한 폭이다
가까이 왔다가 멀어지는 집들이
산자락을 감고 도는데
주마등처럼 스쳐 가는 내 풋내의 유년

어느 사이 나는 거기 서 있다

뻘밭 도랑을 마구 파헤쳐
미꾸라지 잡고
토독토독 튕겨 오르는 메뚜기 잡아
풀대로 엮어 들고 논둑을 달리던 소녀
지금 가을 속을 달리고

초가지붕에 박 덩이 보름달처럼 웃고
양지쪽 돌담 밑에서 봉숭아 물 들이던 소녀
먼 세월을 돌아
이제 가을 속 고향으로 가는데
어머니 마중길 나서고 있을지
모두가 어제 같은데.

향수

짝 찾아 둥지를 만들어 떠나간 형제 남매들
고향 집 찾아 모여들었다

당산 아래 본고향 앞뜰에는
훌쩍 커버린 은행나무가
옛이야기 간직한 채 팔 벌려 반겨준다

저마다 사연 간직한 유실수 나무들도
마당을 다 덮을 정도의 그늘을 만들어 놓고
푸르게 웃고 있다

한 지붕 삼 남매 못다 한 이야기
도란도란 까르르 까르르
밤새는 줄 모르는데

뒤뜰의 밤송이 알밤 내뱉는 소리
마당으로 굴러오면
이야기는 잠시 추억으로 건너간다

식탁에는 어머니 솜씨 이어받은
며느리 감칠맛 나는 도마 소리
저녁은 묵은 된장처럼 익어 가는데
돌아갈 생각도 없는 듯 철없는 우리 형제 남매
웃고 울다가 웃는다

- 연천역의 오월
- 어머님의 봄 내음
- 낙엽의 생
- 하늘이시여 제발
  (장마와 가뭄)
- 나목

나상국 시인

충북 괴산군 연풍 출생
음성고등학교 졸업
현대시선 신인작품상 으로 등단
현대문학사조 홍보위원장
고장난시계 등 다수 발표

연천역의 오월

오월의 어느 한날
연천역에는 나풀나풀 하얀 눈이
내리고 있습니다.

기차 안손님들
입에서는 배꽃향이
한잎 두잎
하얗게 쌓이어갑니다
하얀 배꽃이
꽃눈이 되어
철길을 따라서
훨훨 날아다닙니다.

그날
산에는 비가
오락가락 내리고
이슬비에 옷 젖는다고
이내 이슬비에
옷이며 배낭이며
천근만근의 무게로
젖어듭니다

비가 내리는 산중엔
모두가 떠나가고
그 빈 골짜기마다
깊이깊이 침묵이
살포시 내려앉습니다.

낮에도 꽃이 피고 지는
산속엔
밤이면 멧돼지 노루 고라니 토끼가
뛰어놀고
뻐꾸기도 울어대는
오월이면 고사리 고비 취나물 다래 순
산나물도 지천입니다

저물어 가는
연천역의 하늘엔
하얀 배꽃이 눈송이처럼
날리어 쌓이어 가고
사람들은 하얗게
눈을 밟으며 서둘러
기차에 오르며
연천에서의 하루를 싣고
떠나갑니다.

오월의 어느 한날
연천역에는
하얀 눈이 배꽃 향으로
내립니다.

어머님의 봄 내음

시골 가신지 일주일이 넘어서야
어머님께서 돌아오셨다
어머님의 등에는 시골이
한 짐 가득 업혀온다
밭고랑에는 겨울과 봄이 동거를 하고
논두렁과 논둑에는 아직도
미련을 버리지 못한 겨울이
햇빛에 녹아내리고 있단다
어머님의 배낭에서는 봄 내음이
한가득 쏟아져 나온다
달래며 냉이 씀바귀 곰보배추 왕고들빼기
봄 향기 한입 가득 물고
고향소식을 소곤소곤 전해준다
어머님께서 짊어지고 오신
짐 속엔 봄 내음만 가득한 게 아니다
고향 하늘과 고향의 땅과 산과 들
강물도 한가득하다.
그리고 고향 사람들의 따뜻한 마음도
양파껍질 벗듯이
옷을 하나둘 벗고 알몸이 된다

부끄러움이 아닌 오히려 도시 사람들이
부끄러워해야 할 만큼
정이 꼬리에 꼬리를 물고
정 가득한 이야기가 담겨 있다
어머님은 도시의 겨울을 안고 가셔서
시골의 봄을 가득 짊어지고 오셨다
봄 내음 가득히

낙엽의 생

더 이상 기꺼이
매달릴 이유도 없으라
떨어지는 잎사귀(낙엽)
새의 혓바닥 같은 널 보며
희망의 노래를 불렀었지
그 무덥던 날에는
너의 넓은 아량 뒤에 숨어서
턱까지 차오르던
뼛속까지 파고드는 화염의 기운을
헉헉 모두 다 토해 냈었지 아마
황진이 명월이 양귀비 보다도 뛰어난
너의 화장술을 보고는 모두들
탄성을 지르며
오르가슴에 도달하려고
문상객처럼 몰려들었지
이제
탱탱하던 윤기가 좔좔 흐르던 살갗
오간 데 없고
메마르고 흐리멍텅한
눈빛마저도 외면당한 채

보잘것없고 얻을 게 없는 그대
끈 떨어진 낙엽 되어 떨어져
바람에 이리저리 사정없이 뒹굴리고
그냥 그렇게 또 짓밟히는구나
은공도 모르고
버려지는 우리네
부모님처럼

하늘이시여 제발(장마와 가뭄)

오늘도 하늘은 무엇이 그리도 슬픈지
엉엉 소리 내어 운다.
그리고 저 남녘 사람들은
하늘의 울음소리보다도 더 큰소리로 헉헉 거리며
하늘을 노여운 얼굴로 노려보고 서있다.
엉엉 소리 내어 울던 하늘
노여운 얼굴로 시퍼렇게 날선 눈초리를 느꼈는지
남쪽으로도 달려가서 반가움의 눈물을
뿌려 주겠단다.
아마도 아랫녘 사람들도 위쪽 지방 사람들도
쌍수를 번쩍 쳐들고 환영을 해 줄 것 같다.
하늘이시여 ! 이제 제발 체통을 지키세요.
장마가 끝났어도 벌써 끝났어야 하는데
어이해
오줌소태나 요실금 걸린 환자처럼
비실비실 되는지 알다가도 모르겠소
남부지방으로 내려가서
비 피해 입히지 않을 정도로 흠뻑 내려서
쩍쩍 갈라진 논밭의 가뭄을 해갈해 주고
연일 계속된 폭염으로 더위 먹고

맥 풀리셔서 밤일도 못하셨다는
임의 소원도 풀어 주시고
장마 가뭄도 이제 그만 끝장내시오.

나목

발길에 차이는 것 마다
떨어진 가을이더라
산책로 옆
중랑천 물 아래
깊이 가라앉은 하늘
가만히 내려다보니
잉어떼 헤엄쳐 지나간 자리 위로
발가벗은 나목
줄지어 물구나무서서
무거운 하늘을
털어 내려는지
물결무늬 파랑을 일으켜
조용히 흔들고 있다
서둘러
동면에 들 계절이라는 듯

❖ 비슬산 불바다
❖ 영주 팔경
❖ 돌산 향일암
❖ 바람에 날리는 라벤더 향기
❖ 합창하는 콩 돌

김문경 시인

한국문인협회 회원
월간한맥문학 동인회 이사
세계모던포엠 작가회 회원
현대문학사조 부회장
H P:010-8993-8488
이메일:eden8488@hanmail.net

비슬산 불바다

운무가 춤추는 해발 1,000m
봄에는 참꽃 축제
가을엔 억새 축제
겨울엔 얼음 축제

사계절 예쁜 옷 갈아입는 천하절경 비슬산
좋아하는 사람 끼리끼리
좋은 곳에서
가쁜 숨 몰아쉬며 산을 오른다.

누가 불 질렀나
첩첩이 이어지는 산봉우리
붉은 옷자락
불바다 참꽃 파도

목말라 불타는 가슴
두근 두근 두근
비슬산 참꽃 향연
꽃 바람은 파도를 탄다

영주 팔경

산이 좋고 물도 좋은 소백산 풍경

산굽이를 돌 때마다 선경을 이루고

유서 깊은 의상대사 무량수전

태백산 소백산에 이어지는 부석사

바위도 둥둥둥 뜨게 하는 법력(法力)의 전설

사랑 찾아 신묘의 넋 용석이 되어
세월은 무정히 역사 속에 흐르고

소수서원 여유로운 선비의 백절불굴(白折不屈)

심오한 추억이

종소리에 울린다.

한반도 남단을 동북과 서남으로
양분하여 흐르는

강북으로 남한강

남으로 낙동강

소백산 자락143Km

연화봉 희방폭포 인정이 흐르고
산과 강이 그림처럼

고풍스런 덕산고덕 (德山古德)

부석사 명산 계곡 사과 열매 주렁주렁

젖어드는 그리움 비단 같은 영주 팔경

돌산 향일암

바람도 향기로워
산 그림자
물 비늘 타고
스멀스멀 하늘로 올라간다.

아침 공기
명치끝에 걸리는
아련한 그리움 되살아올라
먹먹한 가슴으로 돌아앉는다.

291개 돌계단
금 거북이 반겨주는
돌산 향일암
풍경소리

저 혼자 먼 산을 넘어가고
목탁소리 어울림에 귀먹고
파란 하늘에 눈멀어
봄의 뜨락 가슴에 담는다

바람에 날리는 라벤더 향기

이슬 간당간당
흔들고
붉게 익어간
산딸기 얼굴빛

꽃 바람 불면
향기로운
꿈을 노래하는 울림

별빛이랑 입맞춤하는
그날이 오면
눈부신 하얀 손수건
불게 붉게 물들이리.

라벤더 꽃밭
꽃보다 진한
행복한 웃음
입술 가득 번지리.

합창하는 콩 돌

콩돌이다
조약돌이다
짜르르 찌르르
파도 물결 연주하는
콩돌들의 합창

푸르게 달려
하얗게 속살로
속살로 춤추며 노래하는
백령도 콩 돌 해안선 1km

밀물은 밀물대로
썰물은 썰물대로
소리 빛깔
흥이 나고 신이 난다

신명 난 합창 그 울림 따라
저녁노을 내려앉는
황금빛 바다 물결을 탄주하는
콩 돌들의 합창

❖ 동화사
❖ 희망의 불꽃
❖ 커피
❖ 공존
❖ 태양

신오선 시인

2001년 구상시인에게 사사 받으며 詩作 활동
2010년 대한문인협회 시부문등단
강동시조 연구회 회장
이진숙 시인 으로부터 美庭이라는 호를 하사받음
블로그 "아름다운뜨락" 운영
저서: 그리움으로 지는 별(2001년 성베드로출판사 출간)
영혼에 창(2002년 성베드로출판사 출간)
사랑의 선율(좋은생각 2009년 출간)
대한문인협회 발전 상임위원,사단법인 창작문학예술인협의회 이사
대한문인협회 경기지회 홍보국장,지회장
대한민국 시문학연구협회 사무총장,지필문학 부회장
창작문학예술인 금상 수상,제4회조지훈 문학상 시부문 대상수상

동화사

겨울의
잔상을
뒤로하고

왜구의
칼부림에
승려들 팔을 걷어붙이고
승리의 여신 임하게 하는데

겨울의 혹한도
오동나무의 기개를 꺾지 못하여
겨울에 푸르름을 뽐내며
꽃을 피우니

어설픈 백성의 가슴에
동토를 지키겠다는 자부심
하늘을 찌르고
대지에 펼쳐져

반도에
내일을 향한
희망의 꽃
오늘도 피어오른다

희망의 불꽃

세상의
밝은 빛
가슴에 품어

두근거리는
가슴속 응어리

넓은 세상에
별꽃처럼 뿌리고 싶어

그루터기에
씨앗 뿌리니

새로운
희망의 불꽃 피어오른다

커피

커피는
악마의 유혹이다

달콤한
사랑의 언어로 유혹하고

감미로운
언어의 마술사로
꿈을 꾸게 하더니

사랑의 손짓으로
잠 못 들게 하는구나

공존

나는
옛것이 좋은데

너는
현재가 좋고

자식은
미래가 좋다니

너와
나
그리고
자식이
좋아하는 것은 없을까

옛것에서
현재를 보고
미래를 느낄 수 있는 것

과거와
현재
미래가 공존하는 것

그것은
너와 나
그리고
자식이 공존하는
우리의 것이리라

태양

태양은
비바람이 불어도

구름 뒤에서
응원의 눈빛을 보낸다

내일을
남몰래 약속하며

엄지손가락을
치켜들며
힘내라 응원하는

어른들의
함박웃음처럼

내일은
멋진 태양을
힘차게 끌어안으리

❖ 내 삶의 기쁨이신 임이여
❖ 동백꽃
❖ 봄 뜰에서
❖ 아프지 않은 사랑이 어디 있으랴
❖ 무엇이 되어 다시 만나랴

신재미 시인

한국문인협회 회원 / 강서지부 이사
옛정시낭송회 사무국장
짚신문학회 사무국장
작가와 문학 편집위원
현대문학사조 편집위원
모닥불문학예술협회 총무 편집위원
한민족평화통일촉진문인협회 사무국장
세계시낭송협회 9대 사무국장역임
전화-010-3723-6011
이메일-7236011@hanmail.net

내 삶의 기쁨이신 임이여

만삭인 생(生)을 살피느라
뼈마디에 바람 드는 줄 몰랐습니다
담장 밖 세상 궁금하여
내민 손
절벽을 오르느라
피멍 드는 줄도 몰랐습니다

침묵으로 자라난
그리움이
생애를 건 사랑이 될 줄은
더욱더 몰랐습니다

이제 그대의 모든 것은
내 길을 비추는 빛이 되었습니다
마음 다해 섬겨야 할
거룩한 이름으로

동백꽃

느리게 살아도 좋다
거친 세파
세한지우(歲寒之友)라 여겨
묵언의 삶
한 송이 꽃으로 피니

깊은 산이면 어떻고
외딴 섬이면 어떠하랴
마음 밝혀 세상 비추니
뜨겁다

그대 영혼의 빛

봄 뜰에서

생명의 마차
봄 언덕에 오르니
겨울 바다를 건너온 바람
대지를 어루만진다.

따뜻한 기운에 잠자던 만물 깨어나
새싹 키우고, 꽃을 피우니
세상은 향기로운 축제다

신비로운 모습에 넋 잃은 마음
새싹 보면 희망이 생기고
꽃 보면 웃음 그칠 줄 모르니
우리의 인생도
이 봄날 같으면
얼마나 좋을까

아프지 않은 사랑이 어디 있으랴

산수유 노란 꽃을 피우기 위해
봄을 사랑하지 않으면 안 되는 일
혹독한 겨울바람
이겨내지 않으면 안 되는 일
꽃을 피우기 위해서는
겪어야 할 시련은 많다

목을 조이는 고통에 시달린 시간만큼
행복은 크고
피어나는 꽃들은 많다

꽃을 피우기 위해 한 계절을 기다리는 것도 그럴 진데
한 세기를 살다가는 인생을
어떻게 한 송이 꽃에 비교할 수 있겠냐 마는
비록 험난한 인생이라 해도
그대는 백합보다 향기로운 인생
진주보다 값진 삶을 살고 있는 것입니다

무엇이 되어 다시 만나랴

노을 진 강가에 앉아 흐르는 물을 바라본다
빛을 가리는 구름으로 인해
때로는 검게
때로는 타버릴 것 같은 붉은빛으로 흐르는 물
이제 헤어지면 어디서 무엇이 되어
다시 만날지 알 수 없는 일이나
이별도 아름다울 수 있다는 것을
예전엔 미처 몰랐다
지금 헤어지는 저 물이
생명의 기운 솟는 봄날
비가 되어 내 몸 적셔 줄지
연인들의 그리움 가득 담은
첫눈 되어 만날지
이후의 만남은 알 수 없으나
살아가면서 스치는 인연
작은 것 하나도 경솔하게 여기지 말고
좋은 인연이라 여기어
사랑하고 존중하여야 하리

서영림 시인

1953년 경북 포항 출생
(현)영남대학교 법대 법학과(공법) 졸업, 경북대학교 대학원 법학과(노동법) 수료
계간 『시세계』 (통권 57호)에 비등단 작가로 작품(詩) 채택과 게재를 계기로 본격 시작활동
계간 『현대문학사조』 (통권19호)에 시 등단
월간 『문학세계』 (통권 243호)에 신인문학상
공인노무사(개업)
(사)한국공인노무사회 부회장
대구경북지회 회장 역임
대구지방법원 노동전문조정위원 역임
E-mail: 〈seonomusa@hanmail.net〉
휴대전화: 010-2503-2726

한티의 낙엽

설운 영혼 찾으려
한티 늦가을 숲 속에 들다

아직도 푸른빛 남아 있는 갈잎들
참수의 칼날에 떨어져 나간 머리처럼
속절없이, 속절없이 떨어진다
파르르~ 소리 없는 소리로

나무와는 이별이다, 죽음이다. 그러나
결코 사라지는 것은 아니다

새 세상으로 떠나는 거룩한 몸짓!

찬 서리, 눈보라
말없이 다 받아 안고
새봄에 피어날 푸른 새 생명을
잉태하리니

나는, 오늘
한티의 한 잎 낙엽이 되라

* 한티('큰 고개' 란 뜻)는, 경상북도 칠곡군 동명면에 소재한, 가산과 주봉인 팔공산 사이 깊은 산중턱 고갯길 인근 일대. 조선시대 천주교 박해 때 교우들이 박해를 피해 교우 촌을 이루었던 곳으로, 관헌에 배교를 거부하다 현장에서 처형된 40여 명의 신자들이 묻혀있는(후에 안장) 곳이다.

달팽이의 노래-사부곡

아이야, 아버지 등이 무겁다고 울지 마라
아버지 등엔 네 꿈 듬뿍 업고 있잖아

아이야, 아버지 몸이 여리다고 울지 마라
아버지 몸은 네 사랑으로 단단해지잖아

아이야, 아버지가 외롭다고 울지 마라
아버지 등에는 언제나 네가 있잖아.

오늘도 아버지 새벽길 나설 때
네 목소리 마중물 되어 힘이 샘솟고
네 모습 아침 햇살 되어 저 풀숲 환하다.

동성로에 겨울비는 내리는데

어둠이 깔리는 동성로에 겨울비가 내린다
뒷골목 담벼락엔 붉은색 광고지가 비바람에 손짓한다
구겨진 종이가방을 옆구리에 끼고, 정신 잃고 바라보는
여인의 가슴이 겨울비에 젖는데, 성큼
골목에서 걸어오는 봄바람이 여인의 가슴을 어루만진다
어머니여, 여인이여
찬비에 젖어있는 종이가방 속에서 꽁꽁 언 아이가 운다
마지막 시외버스가 무작정 기다린다 해도
도시의 새들은 죽음의 방에서 슬픈 웃음을 짓고
거리의 발길들은 캄캄한 들판에서 방황한다
나는, 서러운 발길로 이 거리를 서성이고
저 술집 위에 붉게 빛나는 십자가 아래 예수는 죽었다
친구여, 여인이여
용서는 어렵기 때문에 용서하는 것이다
사랑은 얻기는 쉬워도 버리기는 어렵다
사랑은 고통이니 사랑한다는 것은 그냥 망각하는 일이다
예수도 사랑 때문에 죽었지만 잠시 죽었을 뿐이다
시외버스 터미널엔 사람들이 울고
어둠이 짙어가는 동성로엔 겨울비는 내리는데

* 동성로; 대구 중심가에 있는 거리

풀꽃도 바람을 말없이 보낸다

들녘 한 송이 풀꽃도
밀어만 남겨놓고
떠나는 바람, 말없이 보내고
바람길 내며 고개 숙인다

홀로 있는 호수도
정겹게 속삭이던
도요새 한 마리 보내고
아득한 별 하나 기다린다

그대 잘 가라
떠나기 위해 내게 온 당신,
서산도 넘어가는 석양 붙잡지 않고
그대 그림자 찾으려 나의 뜰로 가자

겨울 고질병

12월,
겨울!
찬 바람 분다

쪽방촌에서 불어오는 찬바람 맞았더니
가슴이 팍, 팍, 쑤신다
해마다 이맘때 걸리는 고질병

따뜻한 방에 누웠더니
콱, 콱,
더 아프다

고치지 못할 병,
에라~
명의를 만나는 꿈이나 꾸자

- 수종사 가는 길
- 낮잠
- 3월의 풍경
- 폭설
- 가난한 11월

윤채원 시인

2003년 한국수필〈새벽풍경〉으로 등단.
한국문인협회, 한국수필,한국산문, 여성문예원 회원
도봉문인협회 이사
현대문학사조 편집위원
논술지도강사, 치유글쓰기 강사, 자서전 쓰기 강사.
저서 : 에세이 집《윤채원의 토닥토닥》
이메일 : mhyoon35@hanmail.net

수종사 가는 길

가파른 운길산 중턱
흙 계단 너머의 아름드리 은행나무
긴 세월 묻어온 사연을 물안개 속에 감추고
반가운 인연을 포근하게 감싸 안는다.

먼지 나는 흙길마저 반가운 그곳엔
이름 모를 산새가 풍경보다 친근하고
뿌리를 드러낸 앙상한 겨울나무
거기 그 끝에 묻어있는 수종사의 봄

구구한 사연을 품고 있는 돌탑은
지나간 인연들의 안부를 묻고
빛바랜 산사의 무심한 귀퉁이에
덩그러니 놓여있는 너는 누구인가.

낮잠

햇살이 넘쳐나는 거리에서
떠도는 바람 소리가 거친 날에는
게으름이라는 긴 부대를 이끌고
행진하듯 길을 나선 낯선 너에게
그리움이 사는 곳을 묻는다.

어디서든 잘 지내고 있겠지
오가는 바람을 향해
너의 안부를 묻는 두근거림은
메아리가 되어 내게로 쏟아져 내린다

세상에 존재하는 모든 절정이
지극히 짧아서 달콤한 것처럼
가녀린 한숨 끝에 마주한 햇살로
이미 익숙 해버린 너를 던져버렸다.

3월의 풍경

먼 데 창밖으로 존재하는 바람이 경쾌하다
서로가 서로를 구속하지 않고
바람에게 길을 내어주는 흔들림이 부러워
사선으로 퍼지는 다정한 햇살 그 열기를 받아들이고
매일 오가는 무료한 그 길 언저리에서
나의 시선을 잡아두지 못한 그대가 낯설어
공연히 가지 끝을 맴도는 바람에게 전하는 눈길
꽃 바람이 반가운 3월의 한낮
무심해 보이는 저 풍경 속에는
우리가 살아야 할
우리가 숨 쉬어야 할
삶의 씨앗을 고스란히 품고 있다

폭설

눈이 내린다
새털처럼 가볍던 처음과는 다르게
점점 흉기가 되어 세상을 마비시키더니
상처로 얼룩진 마음을 숨긴 채 거칠게 달려드는 너

밀쳐내기에 이미 버거워진 나는
부석거리는 빈 가슴을 열어
겨우 온기를 전하려 애써보지만
분노한 너는 정체 모를 혼란을 무기 삼아
방향을 잃고 흔들리는 거리의 차들을 세우고

갈 길 먼 사람의 조바심은 비틀거리는데
지친 기색을 애써 감추고
나른하게 네가 스며들기를 기다리지만
사방의 먼지가 된 너는 허공을 맴돌며
끝없이 미쳐가는 세상을 외면하지 못하고
서러움 묻어나는 검은 눈물을 쏟는다

가난한 11월

빠끔히 고개 든 네가 느리게 기지개를 켜자
마중물 같은 반가운 비가 내리기 시작한다
가을비는 소나기처럼 세차지도 못하고
암 사내처럼 쭈뼛대는 것이 제 주인을 똑 닮았다

온 산을 물들이느라 지쳐버린 세포는
낡아진 코트 자락의 구겨진 주름처럼 상처로 가득하고
제 몸을 지키려 스스로 헐벗어가는 나무는
쓸쓸한 도시의 화려한 배경이 되어간다

그러면 무딘 세월에 기생하던 깊은 생채기들은
아직 열리지 않은 문 앞에서 서성이다
사라지는 계절 속으로 왜소한 몸을 밀어 넣느라
온종일 소리 없는 울음을 토해낸다

❖ 남강 혼魂불
❖ 양심 불량
❖ 색色색色 비
❖ 자결自決
❖ 공존

양일진 시인

부산출생
부경대학교 졸업
현대문학사조 詩부문 등단
현대문학사조 정회원
영남문인회 정회원
제4회 현대문학사조 문학상 우수상
공저:20인의詩 수필 선집
시나브로
현재(주)동원식품근무

남강 혼魂불

목을 조일 듯한 어둠이 내리고
절벽 같은 두려움에 절망하고 싶을 때
절절히 애원 담은 불빛 한둘 피어오른다.

유구한 물길 속 가슴 시린 상처,
차가운 강바닥에 차곡차곡 새겨 두고

한 등 한 등 간절한 기원
수천수만의 한결같은 소망
뜨거운 함성으로 하나 되어
강물 위 가득 채우고

서러운 원혼들 차가운 긴 잠에서 깨워
극락왕생 기원하는 간절한 기도 드린다.

양심 불량

산책길 벤치에 다소곳이 자리하고 있는 종이컵 둘
서로 위로하며 소곤소곤 얘기 중이다.
사람들의 따가운 시선이 부담스러운가 보다.
그윽하고 진한 향과 따스함을 모두 전하고 나면
그들의 길을 가도록 인도해야 하는데
끈 떨어진 뒤웅박 신세,
오도 가도 못하는 신세가 처량하다.
저들을 데리고 온 자들은
수치심만 데리고 가고
양심을 벤치에 내버려두고 갔다.

색色색色 비

비가 온다
깔깔깔 소리 내지르며
바닥에 내동댕이쳐지면서도
웃음소리 그치지 않는다

빨간색, 노란색, 주황색
바람이 숨을 고르면 비도 멈춘다
손바닥만 한 비, 어깨를 툭 치며
잘 지내느냐고 묻는다

하늘은 구름 한 점 없이 깨질 듯
외로움에 지친 바람
넋 잃은 나뭇가지 애무할 때마다
빗소리 연주하며 낙엽 비가 내린다.

자결 自決

지난 봄비가 무슨 슬픈 사연 전했기에
분홍빛 생 버리고 지상으로 투신했나

따끔거리는 봄은 지천에 깔렸고
화사한 봄 색도 탱글탱글 물이 올라
벌 나비 사랑 한창인데

분노에 치민 가슴 속병이 깊었나
악취 나는 세상이 역겨워서인가

빗소리 탁 탁 탁 장단에 맞춰
고운 꽃잎 한 움큼 피 토하며
깨질 듯 봄날 생 마감한다

동백꽃 툭 툭 툭

공존

아침에 꽁꽁 닫혔던
숨 막힐 듯한 공간을 열어젖히면
너는 타들어 가는 목마름에
누렇게 떠 있다.

차가운 시멘트 바닥에
한두 장 너의 분신을
널브러트리고는

어쩌면 영양실조에
또 어쩌면 콧구멍 같은
비좁은 공간에서
살아가야만 하는 폐소 공포증에
한숨 쉬고 있는지 모르겠다.

끼 끽 거리는 창문을 열고
촉촉한 새벽공기로 희석되어서야
너는 숨구멍을 열고
탁한 어제 공기를 뱉어내고
아침의 신선한 공기를 조금씩
씹어 먹듯 빨아 당기곤 하지.

바싹바싹 타들어 가는 너의 두발에
시원한 물줄기를 내리면
스펀지가 물을 빨아들이듯
그렇게 한 두 방울 물로
목을 채우곤 하지.

언제나 그렇듯 늘 그 자리에
아무 말 없이 지내지만
나도 모르게 훌쩍 큰 모습으로
오늘 아침,
나를 놀라게 하곤 하지.

❖ 개똥참외
❖ 그래도 괜찮다
❖ 울 밑에 봉숭아가 피었습니다
❖ 아픔 없는 성장은 어디에도 없다
❖ 그리움까지만 인연이라고 하자!

장미라 시인

수필가 시인 낭송가/ 출생 강원도 횡성 출생
등단 지구 문학수필, 문학세계 시 등단/허균 문학상 금상수상
매월당 김시습 문학상 금상 수상
성남 상대원 방송국장
재미나는 시낭송 강사/한국문인협회 회원
현대문학사조 시낭송위원장
저서:수필/퉁가리
시집/월현리의추억 등 동인지 다수
어린이책/바다의 왕 장보고
장일순 소설/훔친사랑 공저

개똥참외

개동 참외는
그냥 개똥참외
개똥참외가
꼭 참외가 될 필요는 없지

무엇이 좋아 보이면
온통 그것만 닮으려는 세상
자신이 가진 것으로도
이미 충분히 괜찮은 걸 모르는

못생겼기에 열외였기에
어쩌면 더욱 치열하게 꽃을 피우고
열매를 맺었을 개똥참외

다르다는 건 틀렸다는 게 아니지
그저 다를 뿐
그러니 못났다고
주눅들 것 하나도 없어 개똥참외야!

관심의 영역 밖에 살았어도
심지도 않았는데 거둠을 준 것으로
이미 내게 너는 귀한 존재인 걸!

그래도 괜찮다

당신이 침묵하는 의미를
내가 멋대로 해석하고
이해하지는 않으련다

세상을 살아오는 동안
때로는 내게도
말이 필요한 순간이 있었으나
또한 때로는
침묵이 필요한 순간도 있었지

고여 있는 침묵이 행여
우리가 서로를 생각하는 것이
부담이라 이르는 것이면
말로 하거라
얼굴을 마주 보고서

그래도 나는 괜찮다
만남이란 언제나
헤어짐을 전제로 하고 있음을
내가 이미 알고 있으니

울 밑에 봉숭아가 피었습니다

백일홍 저 혼자 핀
계집애네 초라한 화단에는
봉숭아가 없었습니다

이른 아침
마당 끝까지 흘러나온
습한 아버지의 기침 소리

그런 날 어머니는 요강 속에
숱하게 떨어진 봉숭아 붉은 꽃잎 같은
선혈을 거름 더미에 내다 쏟았습니다

주막집 딸이
마당가 봉숭아 꽃잎으로
손톱에 물을 들이는 여름

그날따라 비어있는 집에
붉은 봉숭아 피어있는 것을
계집애는 보았습니다

장독대에 앉아 꽃물을 내고
기침 소리 따라 들어가
손톱을 찾는 계집애에게
당신이 물었습니다
'뭣하게? 다 말라빠진 손톱인걸!'

입술을 꼭 다문 계집애는
말라빠진 아버지 손톱 위에다
콩콩 찧은 봉숭아를 얹고
실을 찾아 동였습니다

봉숭아 붉은 꽃물이
손톱 속 하얀 핏줄을 타고 올라가
당신 심장이 붉어지면 좋겠다 했던 게지요

'뭣하게? 다 말라빠진 손톱인 걸!'
여름이 수십 번 흘러간 지금
그 목소리 풍경 소리처럼
다시 귓가를 스쳐 갑니다

울 밑에 빨간 봉숭아꽃이 피었습니다

아픔 없는 성장은 어디에도 없다

거칠게 달려온 세찬 바람이
큰 산을 넘고
굽은 산길을 지나는 동안
무수히 부딪쳐 상처 입으며
비로소 따뜻한 바람이 되는 것처럼

얕고 가볍게 흐르던 개울물이
바위에 부딪히거나
때로는 구부러진 골짝을
돌아 흐르는 동안
스스로 깊어져
넓은 강물이 되는 것처럼

아픔 없는 성장은 어디에도 없다
우리가 살아가는 인생도
더러는 고단한 영혼인 채
부딪치고 깨진 상처로 인해
더욱 아름다워지는 것이다.

나무가 제 잎을 스스로
저버려야 하는 슬픈 생임에도
석양을 딛고
더욱 성장하는 것처럼 너도
그렇게 아픔으로 조금씩 커가는 것이다

그리움까지만 인연이라고 하자!

아침에 눈을 뜨면 늘
너의 안부가 먼저 궁금했다

사는 동안
멀지도 가깝지도 않게
나는 여기 있고 너는 거기 피어
서로 짐이 되지 않으면서
인정스레 바라본 사이

쓴 술로
어젯밤 찬 서리를 걱정한들
눈물로 걱정한들
더 이상은 허락되지 않는 인연

그래, 안부가 궁금한 것까지만
인연이라고 하자
그리움까지만 인연이라고 하자
안타까운 것까지만 우리들 인연이라고 하자

- 열정(熱情)
- 물 긷는 소년
- 겨울나무
- 정(情)
- 한겨울

김형풍 시인

1957년 신협극단 데뷰
유치진 선생 작 이해랑 연출
〈한강은 흐른다〉 데뷰작으로 명동 시공관에서 공연
現代文學思潮 – 詩 – 신인상 수상
현대문학사조 동인회 고문
현대문학사조 문학동인지 〈하루를 열며〉〈20인의 시.수필〉 공저
詩 텃밭문학회 고문
E-mail : hyeongpung9197@daum.net
http://blog.daum.net/hyeongpung9197

열정(熱情)

황무지를 옥토로 만들고
결실을 수확하는 것도,

포항 앞바다 모래밭에
말뚝을 박고 신화를 일구어낸
저 유명한 세계적인 포항제철과
산을 뚫고 들을 건너 연결한
경부 고속도로를 보고
세계가 놀래 버린 것도
모두 다 한국인의 열정 때문입니다
열정은 무에서 유를 창조하는
원동력입니다

한 방울 한 방울 떨어지는
낙숫물이 돌을 파듯
쉬 포기치 않고 꾸준히
한 우물을 파다 보면
어느새 나도 모르게
이만큼 와 있는 것을 알 수가 있게 됩니다

한 번 제대로 해보려 시도도 하지 않고
덮어 놓고 안돼 부터 입 버릇처럼
거부하고 부정하는 마음으론
아무것도 이루어낼 수가 없습니다

개인이나, 소공동체나,
어느 조직도,국가의 발전도
적극적이고 열정적인 일꾼이 없이는
이루어질 수가 없는 것입니다.

물 긷는 소년

열세 살 때 일이니까
66년 전의 일입니다
일찍이 어렸을 적에
홀앗이 엄마를 돕기 위해
이른 새벽어둠을 헤치며
더듬더듬 몇백 미터 거리의 우물에서
물을 긷는 소년이 이였습니다
두레박 틀에 올라서서
두레박 줄을 허리띠에 잡아매고
까마득히 깊은 우물에 잠겨 있는
희미한 새벽 달과 푸르게 반짝이는
새벽 별을 퍼 올렸습니다
물통 두 개가 매달린 물지게를
힘겹게 지고 일어난 소년은
여러 번 쉬면서 비틀거렸습니다
중심을 잡고 리듬을 잘 타면
끄떡없지만, 엇박자가 되면
여지없이 흔들리는 물통에서
출렁출렁 별과 달이 흘러 나왔고
흘러나온 그만큼 가벼워진
물통을 지고 다녔습니다

※ 두레박 틀:두레박질을 하는데 힘이 덜 들게 하기 위해 만든 장치로, 납작한 돌이나 나무를 놓아 두기도 한다.

겨울나무

여름 이파리에 가로막혀
더듬거리던 여름 바람이
가을 끝자락에 매달린
가을 잎 떨어뜨리고,

차가운 바람이 되어
떨고 있는 겨울나무를
심술 궂게 흔들어 놓고
멀리 달아나 버리는데,

앙상한 겨울나무 닮은
겨울 나그네의 외로운 모습이
석양에 물들어 희미하게
보입니다

정(情)

2호선 신당동 3번 출구로 들어가는 입구가
왜 그렇게 깊은지, 한참을 내려와야만 하는 에스컬레이터
내려오는 동안 일부러 뒤를 돌아보지 않았다
내려오는 나의 뒷모습을 마냥 보고 있을 것이기 때문이었다
깊은 지하 바닥에 내려서자마자 뒤를 올려다보았더니
아니나 다를까 까마득한 저 위에서 손을 높이 올려
나를 배웅하고 있는 가지의 모습이 시야에 어른거리고 있었다
너무나 애틋한 모습이라 뭉클한 가슴으로
나도 손을 높이 들어 마냥 흔들어 댔다
기약 없는 작별의 정을 흔들어 댄 것이다
어미 잃은 암사슴처럼 그렁그렁한 눈망울로
나의 뒤를 계속 쫓고 있었을 것이다
우리는 그렇게 깊은 정을 나누어야만 했다
그녀가 보이지 않을 때까지
석별惜別의 손을 흔들어 보았다
깊은 정이 마음을 매우 아프게 한다

※ 닉네임이 〈가지〉인 주인공은
현재 주기적으로 항암 치료를 받고 있는 암환자입니다.

한 겨울

35 년 만에 온다는 한파寒波
소한小寒을 앞두고 찾아온 강추위다
쪽방촌에 연례행사처럼
연탄이 또 배달될 것이고
기념사진 찍는 얼간이들도 있을 테다
손이 시리도록 춥다
종이 상자를 뜯어 바람막이를 하고
최대로 몸을 움츠리고 누워 있는 노숙인,
신문과 빡스를 요 이불 삼아 깔고 덮어 보지만
덜덜 떨리는 서울의 겨울밤,
푸른 별이 차갑게 반짝이는 밤이다
노숙인들과는 관계없는 듯한
구세군의 종소리가 어김없이 등장하는
한 겨울의 차가운 서울 거리
눈길 빙판에 넘어진
노인네 엉덩이뼈가 금이 갔단다
밤이 가장 길다는 동짓冬至 날
깊어 가는 긴긴 겨울 밤
밤은 왜 그리도 긴지,
지겨운, 정말 지겨운
노숙인들의 겨울밤이다.

어둠을 밝히고자 독생자 예수를
지상으로 내려보내 주신
사랑 많으신 하느님! 성탄절을 앞두고
노숙인을 위해 간절히 기도드리오니
추위에 떨고 굶주림에 지친 노숙인들을
따뜻한 손으로 어루만져 주소서,

❖ 세월이 흘러 뭐든지 알겠더라
❖ 할머니
❖ 하얀 눈 속으로
❖ 과메기
❖ 겨울비

신명순 시인

서울 태생혜원 여고 졸업
전산 회계 정보 이수
현대문학사조 시 등단
현대문학사조 정회원
진달래 문학 회원
움터 동인지 회원
움터 동인지 공저
현대문학사조 동인지 공저
현 간호조무사 및 요양보호사
현 과수농사 재배

이메일: sinms2929@hanmail.net
카　페: http://cafe.daum.net/sinms1709

세월이 흘러 뭐든지 알겠더라

세월이 흘러 뭐든지 알겠더라
아무것도 모를 줄 알았는데
자동차 바퀴가 왜 굴러가는지
똑같은 차라도 어느 것이 좋은지
더 살아보니 알겠구나

아프면 병원 가야 하고
힘들면 쉬어가는 것이
자연의 이치인데도 불구하고
법을 넘어 벼랑 끝으로
인생의 속도를 정신없이
뛰어넘는 환자들이 많다

현실을 넘어
삶의 틈새로 죄는
찾아오지만

허상을 벗고 미래를 향하여
순응하며 살아가고 싶다.

할머니

80평생 자식 뒷바라지하며
쉬고 싶을 때 있었지만
1년 365일
개미 허리춤을 차고
눈물겹도록 살아온 인생

넓은 이마 속에
빽빽이 보이는 흰 머리카락
미간엔 잔주름이 들어서고
입가엔 이가 없어 오목이 들어간
입 자국이 눈에 선명합니다

이젠 쉬세요
하나 주어도 아깝지 않고
많이 갖는다 해도 더 주고 싶은
자식들 효심이 당신이 살아온
세월을 떠오르게 합니다.

하얀 눈 속으로

하얀 눈발이 날리는 계절
내 마음 열정에 불탔던
그때가 생각납니다

잠 못 이룬 날
소리 없이 날리는
차디찬 눈송이를 얼굴에 비벼대며
숨소리 달래기를 반복했지만

창가에 쌓여가는 눈 발 때문에
가슴 속이 시려와
때를 놓치고 말았습니다

차디찬 추억도 잠시
해야 할 결심도 잠시
그렇게 뒹굴다

하얀 눈 속에 파묻혀
그냥 잠들고 말았습니다.

과메기

깊은 바닷속에서
건져낸 덩어리

은빛일지도 금빛일지도 모르지만
어느 어부의 손놀림에
회식 석상에 덩그리 포개 논
바다냄새의 유혹

갓 구운 김에
쪽 파 머리 다듬고
고소한 양배추에
양념장을 곁들이면

그야말로 일확천금을
꿈꾸는 사람처럼
열기가 한창이다

젓가락은 내려올 줄 모르고
과메기로 향하고 있다
여기 한 접시 추가요!!!

겨울비

유난히 소리가 선명했다
구슬프게 내리는 굵은 빗줄기
상을 치른지 얼마되지 않았는데
어찌 흐느껴 울까

병상에 시달려 보낸 님
서럽고 힘겨운데
너마저 울면 나는 어쩌리

달도 별도 없이
희뿌연 가락이
엿가락 휘어감듯
슬픔을 자극하는구나

울지마라
금방이라도 쏟아질것같은
눈물을 흘릴테니
대신 이 비 만은 제발 멈춰다오!!

✣ 늙지 않는 인생
✣ 동면
✣ 무광
✣ 산에서 만난 섬
✣ 약자

박상철 시인

전남 완도 출생
현대문학사조(신인상 수상)
현대문학사조 동인회 총무
공저 : 시인의 정원(4집5집6집7집8집9집10집)
E-mail : psccn@hotmail.co.kr
cafe : naver.com/wandojeonbok

늙지 않는 인생

늙어 다되었다는 넋두리는 하지 마소
손마디의 주름살은 훈장이요
이마의 주름살은 웃음이요
세월로 늘어지는 배주름살은
나이테에 불과한 것
마음마저 늙었다는 사람 봤소
서산으로 기울어지는 해
다시 동쪽 새벽을 밝히는 것처럼
우리는 매일 새로이 태어나는 겁니다
단풍으로 익은 가을
생명의 봄을 잉태하듯
우리는 매년 새로이 태어나는 겁니다
오늘 하루가 인생이고
올 한해가 인생인걸
어찌 늙을 새가 있으리오

동면

온 누리 하얀
차디찬
한 계절쯤 쉬어
깊은 생각에 들고
먼 옛날 조상들과
나란히 꿈길을 걷고

긴 날의 기다림을
잠으로 휴식하며
고귀한 생명의
보존을 위해
마술 같은 신진대사
숨죽여 이어내고

칼바람 눈보라
자장가 삼아
한 계절 다 재우고
대지의 온기로
부활하는 너는
대 자연의 영웅

무광

엄동설한을 이겨내
튼실하게 싹이 난
춘삼월 무광!
너는 희망이었다
스스로 양분을 다 토해
논새밭을 풍성하게
채워놓고 잎줄기 다 내준
기진한 몸 이끌려
가난한 농가의
점심 땟거리
코흘리개 군것질
똥돼지의 밥이 되어
굶주린 삶에
행복한 추억으로
빛나는 별이 되었다

※무광 : 고구마의 싹을 틔워서 사용하고 난
묵은 고구마를 이르는 말이다.

산에서 만난 섬

풀과 나무 가시넝쿨 사이로
빼 꼼이 하늘이 보이고
고목 위로 올라탄
마삭줄의 곡예가 재롱스럽다
칡넝쿨 밧줄 삼아
붉은 열매 농염한 미소
산객 유혹하는 명감나무
헤치고 올라선 능선 바위틈
엄동의 칼바람 피해
잎 틔운 백리향이
코끝에 춤을 추고
동한기 극기의 상징으로
불끈 쥔 권백(부처손)의
의지가 돋보인다
소나무 사이로
물 위를 걷는 섬들은
선바람에도 곱기도 하다
금빛 따사로운 바다
섬들은 여우별 같은
봄기운에 산책을 했다

약자

태생적 약자인 을은
눈칫밥에 연명하며
구차하게 생존해가는 영혼
죄 아닌 죄목으로 꽁꽁 묶인 심신
숨소리조차 크게 쉬어내지 못하고
무섭고 외롭고 고독한 링 밖으로
조금씩 조금씩 밀리어 간다
추잡한 횡포 치열한 삶의 링에
조금 더 남아 있어 보려고
피멍이든 손톱 끝으로
붙들어 버티며
결국 링 밖으로 밀리어간다
갑에게

❖ 고요함의 자유
❖ 무지개
❖ 감정
❖ 사랑 참 애롭다
❖ 내가 듣고 싶은 말은

김미화 시인

현대문학사조 정회원
초이통신&택크 대표
경진기업(주)부산녹산공장 지사장
부산시여성자전거 회장

고요함의 자유

정신없는 복잡함을 한바탕 쓸고 지나간
이 고요에 온 몸에 소름이 돋는다

아이들이 엄마를 부르는 소리도
옆에 있는 물건을 못 찾아 부르는 남편의 소리도
스피커로 통해 나오는 tv 소리의 소음도

밖에서 들리는 빗소리는
아무도 없는 이 고요가 입맛에 감치는 조미를 더해
내 마음 설레이기까지 한다

항상 옆에 있어야 되는 가족이지만
가끔은 동그라니 나 혼자만이라고 느끼는 이 자유가
오늘은 무척 행복하다

무지개

저쪽에 해가 나는데 이곳은 비가 뿌린다
야시가 시집가나?
우연히 고개를 돌려 산을 보니 선명한 무지개가
환하게 웃고 있다.

아! 무지개다
혼자서 들뜬 마음으로 기도 해 본다
가장 염원하는 일이 이루어질거란 기대로
꼭 이루어질거란 확신으로
내 눈에 보였으니 그 책임을 지라고

아침에 눈을 뜨자 무지개의 행운을 믿으며
오늘은 어제 보다 조금 더 좋아졌다는
소식을 기다린다.

감정

감정이 최고조에 달하니
눈에 불꽃이 온 사방으로 흩어져
주변이 다 밝아진다.

생각지도 않은 말들이 장전한 따발총이 되어
끈임없이 다다다다 발사중이다
시간이 흐르면 아무것도 아닐일들에
독사도 죽일만큼의 독을 내 뿜었을까

온 사방을 밝혔던 불꽃들이
어둠의 안식처로 다 들어가버렸네

사랑 참 애롭다.

언제나 내 마음과 같을 거라고
당연히 그럴 거라고 생각했는데
오해도 생길 수도 있다는 걸
이제라도 알았으니 참 다행이다

사랑은 웃음만 주는 게 아니구나
잡티 때문에 아픔도 주고
아픔을 지켜보는 고통도 주고
고통 때문에 슬픔을 만들어 주고
슬픔 때문에 속쓰림도 동반하는구나

사랑 참말로 애롭다

내가 듣고 싶은 말은

하루종일 날 가슴에 담아두고
너가 원하는 곳에 내가 있기를 바라면서도
가끔은 나갔다 오라고 집에만 있지 말라고
걱정 해 주는 그 말속에
난 너에게 그리움을 느낀다.

앙상한 가지가 엉켜 있고 햇살이 비추는
한적한 마을로 너랑 여행을 떠나고 싶다
다른 어떤 단어도 포함 시키지 말고
사랑과 행복이란 단어만 너에게 재잘거리고 싶다.

어때! 맘에 들어……
대답은 그래. 응. 그거만 해. 알겠지?.

- 유년의 추억 길목에서
- 어릴 적 고향의 가을밤
- 고모역을 회상하며
- 어머니 생각
- 추 풍 秋風

양정성 시인

덕산. 이학박사(화학)
경남대학교 명예교수
한국문인협회 회원
현대문학사조 회원
한맥문학 회원
한국크리스천문학 부회장
한민족평화통일촉진문인협회 법정이사
대한화학회 평의원
러시아자연과학아카데미 회원,
한문예학술저작권협회 회원.
실버넷뉴스 기자

유년의 추억 길목에서

구불구불 논 밭길
가파른 산길을 휘어 넘어
어머님 손을 잡고
오일장에 가던 날
돌에 부딪쳐 넘어져도
진달래 꽃처럼
아름다운 즐거움이었지

장터에 도착하면
해는 중천에 떠 있고
허기진 배에 장터국수 한 그릇
그 맛은 어디에 비할 손가
농산물 직판 오일 장터
많은 인파 속 즐거움에
해는 서산에 기울고

학용품 과자든 가방 메고
십 리 길 걸어서 귀가하면
발걸음도 가볍고 신바람이 났었지

고희를 넘긴 지금
고향 산천을 그려보며
다시 한 번 그 길을
거닐어 보고 싶구나

어릴 적 고향의 가을밤

황금 들녘 물결치는 호남평야
가르마 같은 논둑길을 거닐면
소슬바람에 메뚜기 떼 풀풀 날고
코발트 빛 하늘엔 가창오리 군무가
황혼 비낀 하늘을 수놓았지

달 밝은 밤이면
풀벌레 소리 적막을 깨고
멀리서 풍물 치는 소리 흥겨운데
밤이슬에 잔디는 차가워도
친구들과 신나게 노는 재미에
달이 기우는 줄도 몰랐다

어쩌다 아득히 들려오는
호남선 기차 소리는
고요한 밤의 적막을 깨고
행여나 고향 떠난 사람
그리운 소식 전해올까
막연한 기대에 부풀어
가슴을 설레이게 하였지

유년시절 나의 추억
흘러간 세월 따라
되뇌기게 하는구나

고모역을 회상하며

대구 지나 고모역을 지날 때
고모령 어딘가에
어머니가 보일 것 같고
고향 산마루 언덕에서
헤어지던 어머님이 그립다

구포역에 내리면
현인 선생의 생가가
얼이 살아 숨 쉬고 있다

오늘따라 차창밖에는
봄비가 내리고 있다
고모역에서 고모령을 바라보니
옛 추억이 그립구나

고향 땅 고갯마루 언덕에서
어머니의 부르는 소리
들리는 듯 귓전을 두드리고

비 내리는 고모령을 지나니
현인 선생과 어머님 생각에
그리운 고향 산천을 바라보며
비 내리는 고모령
노래를 불러본다

※어느 봄날 기차를 타고 고모역을 지나면서

어머니 생각

꿈속에서도 그리운 어머님
얼마 만에 불러보는 이름인가
덧없이 흘러버린 세월
어머님은 70여 성상에서
생을 하직하셨는데
나 또한 그 시절이 왔네요

살아생전 일구월심
자식 하나 성공 위해
두 손 모아 빌어주신 정성
재봉틀에 삶을 의지하시고
건강은 뒤로하신 어머님

천만번을 더 돌리셨을 재봉틀
자식 사랑에 허리 굽는 줄 모르고
밤잠을 설친 것 셀수 도 없을 테니
그 정성 어디에 비할 수 있으랴

불효한 자식의 마음
눈물겹고 한스러워
죄책감에 눈감아보면
어머니의 모습이 보이죠
어머니 보고 싶습니다

어머니 이승에서 고통이 컸으니
저승에서는 행복하시길 빕니다
어머니 지난 11월은 위령성월이라
매일 어머니를 위해 기도했습니다
어머니 부디 천국에서 평안하소서

추 풍 秋風

옷깃을 여미게 하는 싸늘한 바람
단풍잎은 하나 둘 떨어지고
앙상한 나목들은 추위를 이겨내려
묵언으로 하늘을 응시하며 서 있다

인간들에게도 움츠리게 하는 계절
차곡차곡 쌓인 낙엽을 밟으며
지난날의 여정 속을 회상해 보면서
일몰 도원 이란 말을 생각하게 한다

활기찬 젊은 시절은
후회도 미련도 남긴 채
낙엽처럼 인생 또한 가는 길인데

황혼 속에 저물어간
내 인생도 세월 따라
무언으로 잠들어 가고

고운 단풍과 저녁노을처럼
내 인생의 여정도
곱게 곱게 엮어가야겠다

- 몹쓸 병
- 그리움
- 아직은
- 오랜 침묵도 깰 수 있는
- 길 나선 마음자리에는

김미경 시인

천안 북면 출생
현대문학사조 수필 등단
현대문학사조 시 등단
현대문학사조 정회원
맑은 글터 동인
블로그:http://blog.daum.net/kmk9676
이메일:kmk9676@hanmail.net

몹쓸 병

먼 산 파란 하늘에
새털구름이 예쁘다
구름과 구름 사이로
그려지는 당신 불현듯 떠오른다
잘 있느냐고
잘 지내느냐고
떨리는 입술로
소용없는 안부만 허공 속으로 날리 운다
매번 마음을 돌려봐도
그리움에 다시 몸살을 앓는 나
세상 밖에 있는 세상에 있는 당신
혹여나 내가 오기만을 기다리고 있을지
모른다는 생각 때문인지
사라졌다가 이내 다시 찾아드는 몹쓸 병
당신이 있을 그 세상 속으로 끊임없이 흐르는
그리움은 힘겨운 통증이 되어 간다.

그리움

세월을 거슬러 오르지 못하는
지난 과거 속에 당신은 내게 있어서
빛바랜 그리움이자 모진 아픔입니다
살다 보면 한 번쯤은 겪어야 할
시련이라고는 하지만
나를 떠나간 당신을
내 가슴에서 지워내는 일만큼은
혹독한 체벌과도 같습니다
그런데도 당신을 향한
그리움은 항상
내게서 시작되고 내게서 끝이 납니다.

아직은

사랑은 그런가 보다
마치 떠날 것을 아는 것과 같이
마음은 허공을 맴돌고
이는 바람은 아픈 가슴을
끊임없이 휘몰아친다
아무도 없는 텅 빈 공간 속
우리들의 사랑만이
귓전에 맴도는데
아직은 이별이라는 말이
그대에게 닿지 않기를 갈망하며
오늘은 그대 사랑이 목마름이다.

오랜 침묵도 깰 수 있는

내 텅 빈 가슴에
휘몰아치는 바람 한 자락
모든 낯선 것들 속에서
이따금 생각나는 추억들이
소망을 싹트게 합니다
나뭇잎 흔들리는 듯한
내 가여운 몸짓에서도
나를 어루만져주는
자연의 숨소리가 있어서
내 안에 우아한 공간을 만들어 줍니다
따스한 햇볕에 물든
오랜 침묵도 깰 수 있는
편안한 미소까지도.

길 나선 마음자리에는

오래도록 닫아 두었던 마음을
한 번에 열기란 힘이 듭니다
사랑의 시작이
또한 이별이라는 것을
너무나도 잘 알기에
또 다른 상처로 인해
마음에 생채기를 낼까 두려워
마음의 문을 쉽게 열 수가 없습니다
그런데도 사랑을 갈구합니다
돌아올 수 없는 길을
마음은 자꾸만 길을 떠날 준비를 하라고 합니다
삶은 기다림이고 사랑은 마주함이라고 했듯이
오랜 기다림 끝에 찾아온 사랑은
세상 어디에도 다시 없을 사랑의 느낌으로
눈 부신 햇살이 되어
가슴에 향기로운 꽃으로 피어납니다
그리운 마음도 함께 젖어듭니다
오늘도 길 나선 마음자리에는
그대의 향기가 가득합니다.

- 세 월
- 감투의 나라
- 부정부패
- 오지 않는 임
- 회한의 술 한 잔

주경식 시인

현대문학사조 정회원
영남 문인협회 회원
숲속에 가족 문학회 회원
경진기업(주) 대표

세월

바램은 무척이나 많기도 한데
지혜를 슬기가 따라 못 가니
안타까운 이내 마음을 어쩌란 말이더냐

하루가 모자랄 듯한, 기쁨이 와도
한 달이 가기도 전에 내년을 부르니
삶의 계절은
지름길로 종착역까지 달리려 하는구나.

나눔과 베풂 다 비우지도 못했는데 ...

감투의 나라

흰 구름에 더 파랗고 노란
천지는 오곡백과로 풍년인데
공직은 빨갛고
농부는 노란가
빨간 것은 공산당인고
노란 것은 누렇게 떠서 노란가
공직과 서민들 하늘과 땅이로구나
독선이 제일인 대한민국은

부정부패

황금 열매를 떨군 나무
폭설 피하려 알몸으로 무장하고
새파랗던 들녘도 시커멓게
가식에 이기려 무장 했는가

관피아 욕망은 창고에 가득 한데
허수아비 농군들은 벌벌 떠는가
나라가 망하려는 것일까
세상이 망하려는 것일까

쥐새끼들의 가죽들은 번득이는데
피라미들은 삼태 그물이 더러워
동아줄에 기름이나 쳐야겠구나
연말이라서 꿀먹은 벙어리로

오지 않는 임

임 오신다기에
봄 활짝 열어 놨더니
임은 뵈지 않고
애간장만 녹이는구나

임 오신다기에
들꽃 피워 놨더니
임은 아니 오고
애처럼만 높이는구나

임이 오신다기에
봄 향기 풍겨 놨더니
임의 소식 없고
벌 나비만 모이는구나

회한의 술 한 잔

싸늘한 겨울비가 쏟아지는 날에
침묵의 그림자를 따라가 봅니다

아직도 온기가 배어있는 고향 집 툇마루 곁에
덜 아문 환부의 상처처럼 벗어놓은 낡은 지게
아버지의 힘겨웠던 삶의 껍질입니다

자식의 후일을 위한 사랑 그 일념으로
고향 떠나 타향 땅 서울에서
험한 세파를 딛고 일어섰지만
그날 그 악마의 철도 사고로 잃은 오른손
귀향의 길이 얼마나 아팠을까

선술집 낡은 의자에 앉아
무정한 세월을 탓하지 않으시고
막걸리 한 사발로 목을 축이고
다시 일어선 아버지 이젠 우리 곁에 없습니다

한 손의 불편함을 웃음으로 가리고
삼남 일녀를 위한 아버지가 일군 너른 논밭에는
지금 봄이 오고 있습니다

아버지!
술 한 잔 올립니다
머리 희끗희끗한 자식의 뒤늦은 용서의 눈물을
보고 계시는지요.

✤정이 뭐길래
✤쥐와 춤을 -춤추는 고양이-
✤이슬(朝露)
✤사면赦免과 민초民草
✤여정

전무웅 시인

Asia서석문학 신인문학상 수상(시부문)
시집:바람에 띄운 편지
수필:1993년 여성동아 4월호 정치미스터리 외 다수
Asia서석문학신인상 수상(현,이사)
서석문단 회원
2013년 현대문학사조 등단
2013년 Asia서석문학 작품상 수상
Asia서석문학 영남지회 지회장
연락처 :011-491-1637

정이 뭐길래

꽃 따다
거미줄에 걸린
나비 같은
정이래도

정이란
늘
맘! 속에

그려진
한 장의
그림 같은…

쥐와 춤을
-춤추는 고양이-

공천도 중하지만
투표는
더욱 신중한 것

前科(전과)에
범법자 공천은
소경이 하는 건가

쥐 잡으려 곳간에
보낸 고양

훗날 보니
쥐는커녕

쥐와 함께
트위스트 췄더라

이슬(朝露)

밤 지샌
이슬
추억에 담고

아침에
피었다 가는
나팔꽃처럼

이젠!
떠나야 할 때

만남은
그립지만

소연(蕭然)히
가고 싶은…

사면赦免과 민초民草

보소!
양반들아

사면赦免
그것 좀 그만하소

혈세血稅
챙겨 먹다

콩밥 먹고 나온 사람
사면해 복권시켜
대도大盜로 키우는가

법法도 묘하고
사면도 묘하다

법法
지키다
등신等神된 건
선량한 민초뿐.

여정旅程

무덥고
긴~여름

달 없는 밤에도
속삭이는 잎새들

소연(昭然)에
곱게 익은 단풍
사랑의 연서로

바람 자는
밤을 골라
첫서리 내리는 날

소연(蕭然)히
떨어지는
자연의 무뢰(無賴)함을

앙칼지게
버-틴 독백도
안개처럼 사라지는…

❖거리마다
❖가을이 갔다
❖잔인한 바람
❖허상(虛像)
❖기억

강민호 시인

2012년 6월 현대문학사조 시부분 등단
2012년 9월 대한문학 시부분 등단
2012년 12월 현대문학사조 동인지 하루를 열며 공저
2013년 2월 20인의 시선 동인지 공저
2013년 10월 대한문학 대표연간선집 공저
2014년 2월 서울디지털 사회복지학과 졸업

거리마다

날아오르는
새 깃털처럼
나뭇잎들이 떨어진다.

후다닥 힘찬
날갯짓할 때마다
하늘 향한 넘치는 의지가
보이는 새의 깃털처럼 보인다.

늦가을 하늘은
더할 없이 푸르러지고
거리마다 낙엽은 쌓인다
새 깃털 같은 구름이
하늘에 꽃피웠다

가을이 갔다

서둘러
가을이 갔다.

오는 모습을 코스모스로
보여 주었던 것과
다르게 눈구름에 쫓겨
뒤 모습이 보이지 않게 갔다.

나뭇잎사위를
변하게 했던
비와 바람 뒤따라
천천히 왔는데.

파란 하늘에
새 발자국처럼
사뿐사뿐 생긴 구름 디딤돌
밟으며 왔는데.

아침에 첫눈이
흩날리는 것 보고
마른 낙엽들도못 치우고
가을이 갔다.

잔인한 바람

이번 4월이
어느 때보다
진인 했었을까?

낙엽을
내동댕이치는
11월 바람이 싫어
4월 바람을 떠올리니
소름이 돋는다.

찢어지는 목련이
생각나서일까?
자동차 바퀴에
밟히는 벚꽃이
떠올라서일까?

소름이 솟고
또 한 번 가슴
깊숙한 곳에 맺힌
한이 올라온다

피는 도중에 떨어진 꽃처럼
아이들을 바다 잠기게 한
제자리에 있으라, 했던
잔인한 방송이
메아리로 들려오기 때문이다.

허상(虛像)

허가 낙엽처럼
부서질까 봐
부르지 못합니다.

보이는
웃은 아버지 모습이
한낮 미련의 되새김이 된
허상(虛像)이기 때문에
꾹 참습니다.

앞에 있는 아버지를
애타게 부르다 침이
한 방울도 없이 마르고
침샘조차도 손상되어
바스락 조각날까
걱정되기 때문입니다.

외마디 대답도
하지 않은 재생시킨
영상 같은 모습을
미련스럽게 부르는
바보가 되기 때문입니다.

기억

집으로 돌아올 때
기억을 되돌려 봐도
아버지 얼굴이
보이지 않는다.

쏟아지는
햇살 가운데
동글게 나타난
그림자만 보이다.

설 명절 마치고
올라올 때 기억을
다시 봐도 아버지는
보이지 않는다.

할머니 옆에
검게 생겨난
그림자 의미를
생각하게 된다.

다음부터 고향 집에서
아버지를 보지 못해도
서러워하지 말고
열심히 살아라는
의미이었을까?

❖지하철
❖오늘
❖한해를 보내며
❖오월이면

양상구 시인

현대문학사조 발행인
한국문인협회 복지위원
도서출판 채운재 대표
HP:010-5466-3911
ysg8527@naver.com

지하철

하루를 열며 삶을 싣고 달린다
좁은 문 열리면 어느새 꽉 찬 객실
들어오고 가는 힘찬 호흡 소리에
따뜻한 삶의 소리 희망이 웃고 있다

그 좁은 공간 속에 스마트폰을 보고
귀에 이어폰 끼고 눈을 감아 음악을
보이는 것이 다는 아니지만 우리 인생
길을 같은 목적으로 달리고 있다

저녁이 되면 정겨운 소리가 들리고
또 다른 밝은 미소에 대화의 꽃이 핀다
출근 시간의 얼굴과 퇴근 시간의 얼굴
세상의 삶을 보여 주고 있는 곳

오늘

하루를 열기 위해 꿈에서 깨어났다
오늘은 무슨 일이 주어질까
햇빛을 등에 지고 바람을 안고
지난 옷은 벗어 버리고 새 옷을 입었다
다가오는 황금 들녘에 여망의 꽃 피워보자
독수리와 같이 창공을 날고
눈망울에 오롯한 웃음꽃을
저 넓은 대지를 향해 뿌려보자
여기는 연녹색 새싹의 눈망울이
저기는 붉은 장미꽃 미소를
저 언덕의 곱고 고운 *채운을 보자

* 오색구름

한 해를 보내며

어느 땐가부터 추운 것이 싫어지고
지나는 거리에 움츠림을 볼 때 눈물이 난다
어느 땐가부터 몸에 아픔이 오고
잠을 이루지 못하고 밤을 지새운다
어느 땐가부터 지난 일을 돌이켜 본 인생이
후회와 허무만이 남아 무겁다
허전한 마음은 이렇게 외로움을 느끼며
사는 것이 인간인가보다

험한 길 약이 되어 남은 것은
잔주름에 늙어가는 몸뚱이지만
애들과 아내가 그 자리에 있어 다행이다
새해가 오면 또 다른 내일을 바라보겠지
모두 반복되는 톱니바퀴 인생
저 멀리 영상처럼 떠오르는 지난 일
한 생의 읽기 장으로 남았구나.

오월이면

훈훈한 바람이 얼굴을 핥고
소리 없이 다가온 그윽한 꽃향기
아침 햇살보다 더 정감이 간다.

꽃향기 향연에 먼 허공 바라보니
어린 시절 아카시아 꽃 따먹으며
순수했던 그 시절 친구가 그립다.

들에 핀 야생화 영롱함에 임 그리워
가던 걸음 멈추고 쪼그리고 앉자
그저 바라보며 정신을 놓고 있다.

청렴에 담아 놓은 사연 보듬고
긴 호흡 내쉬며 하늘을 바라보니
순백의 구름 따라오라 손짓한다.